loi n° 49-956 du 16 juillet 1949 sur les publications
destinées à la jeunesse 17 mai 2011

© 2024 SBCOLORS By Sylv'IA
Édition : BoD · Books on Demand, 31 avenue Saint-Rémy,
57600 Forbach, bod@bod.fr
Impression : Libri Plureos GmbH, Friedensallee 273,
22763 Hamburg (Allemagne)
ISBN : 978-2-3225-1632-2
Dépôt légal : Novembre 2024

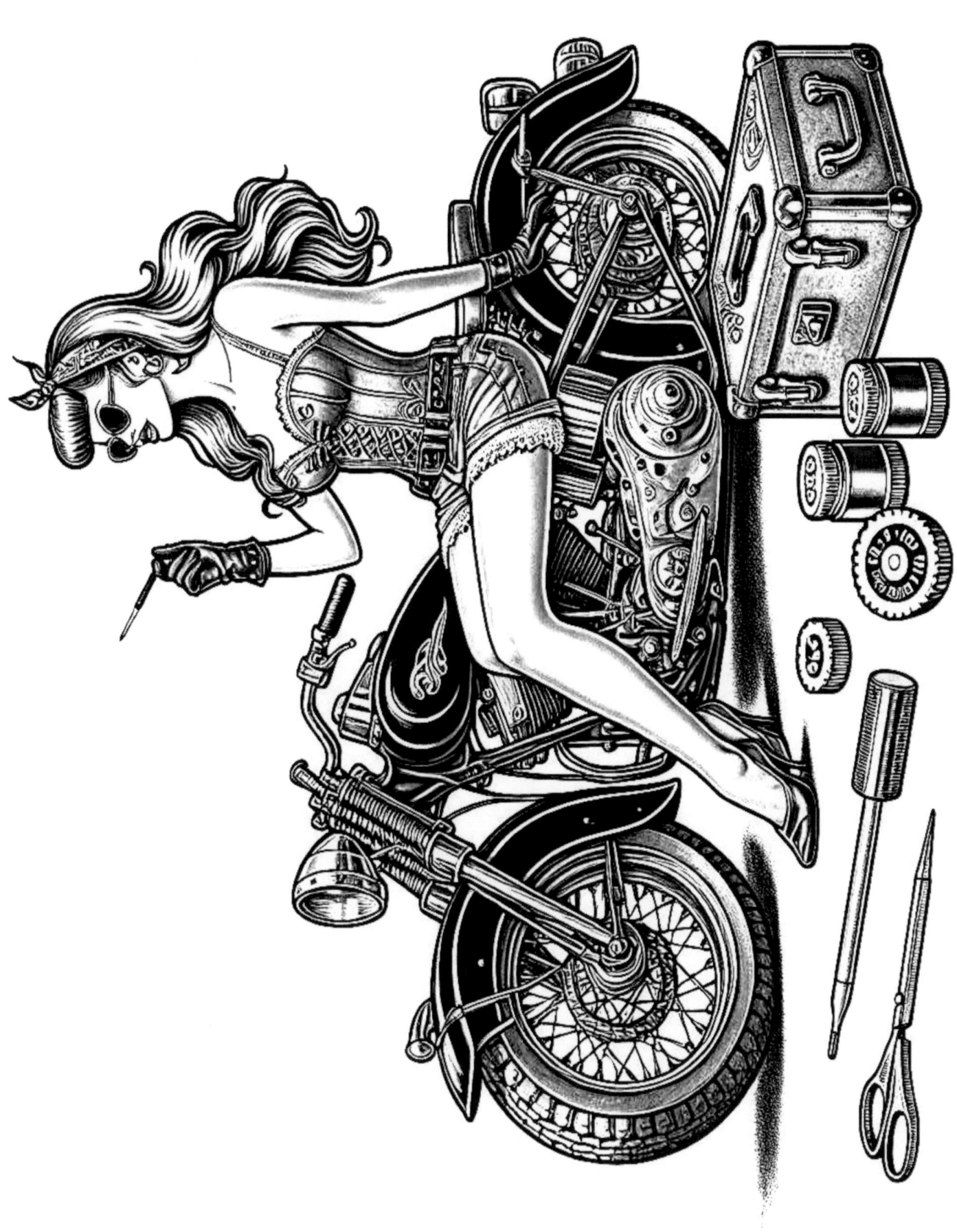

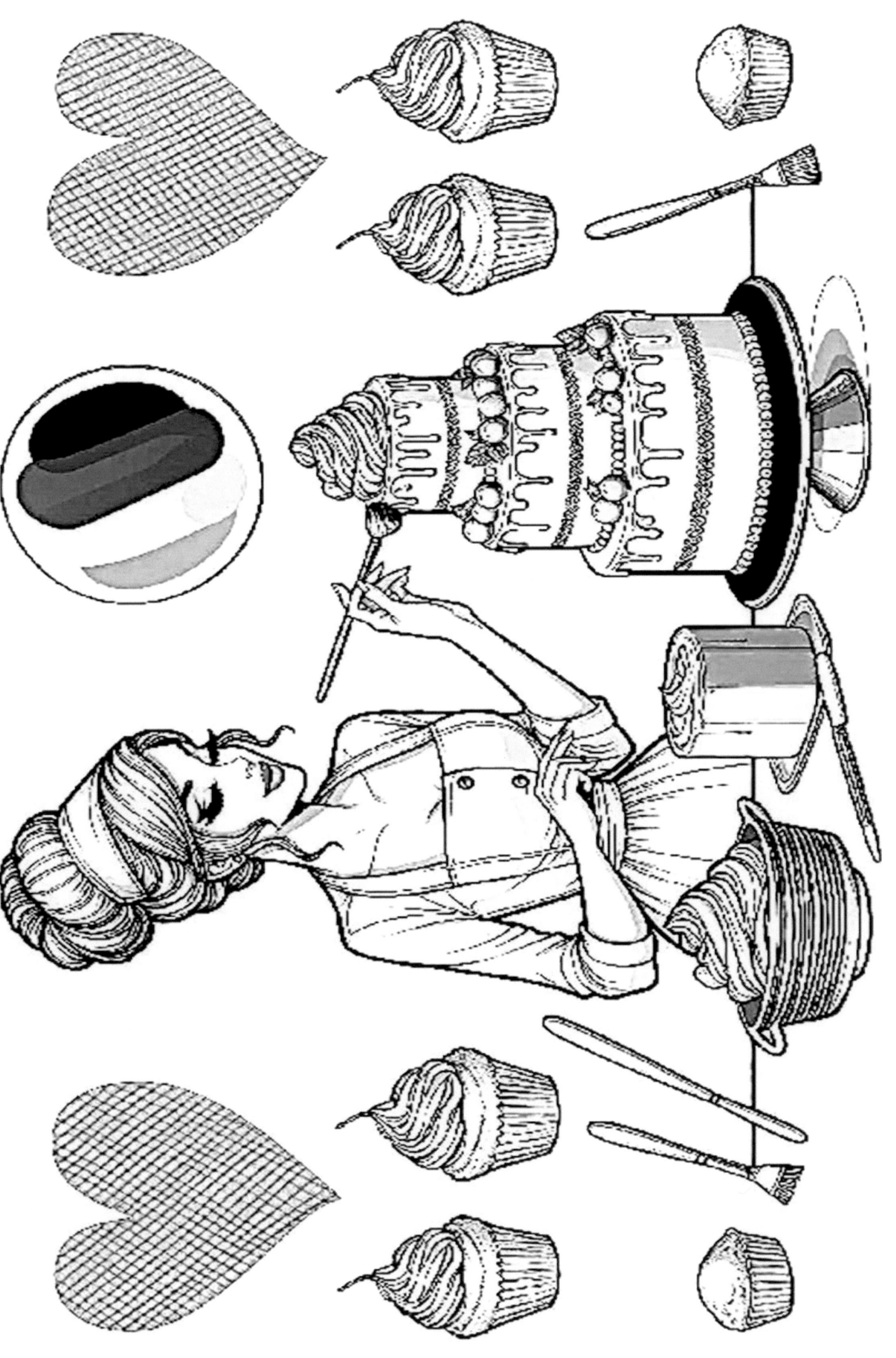